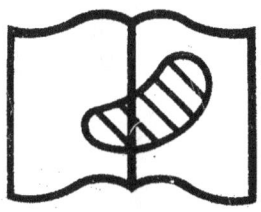

Illisibilité partielle

Contraste Insuffisant
NF Z 43-120-14

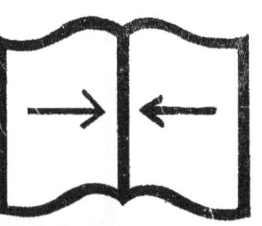

RELIURE SERREE
Absence de marges
intérieures

Valable pour tout ou partie
du document reproduit

Couvertures supérieure et inférieure manquantes

# DENIS GUILLEMIN A BORDEAUX

Les lecteurs de la *Revue Catholique* connaissent, depuis quelques années déjà, Denis Guillemin, prieur de Roumoules (diocèse de Riez, Basses-Alpes), puis prieur de Belgentier (diocèse de Toulon, Var), protonotaire apostolique, etc., le protégé, le chargé d'affaires, l'ami de Fabri de Peiresc. Ce vénérable et sympathique personnage a figuré, d'abord, dans le *Peiresc abbé de Guîtres* d'un de nos plus savants collaborateurs (1888), et, ensuite (1893) dans le *Supplément à la notice d'Antoine de Lantenay* (1). On le retrouve encore dans le tome V des *Lettres de Peiresc* (1894), où la correspondance de l'illustre érudit avec l'excellent prieur occupe les 243 premières pages (de l'année 1610 à l'année 1637). Je viens aujourd'hui compléter cette triple série d'informations et de documents en publiant quelques lettres écrites par Guillemin, pendant deux séjours à Bordeaux, un en 1628-1629, l'autre en 1634-1635, à celui qu'il appelle son *Mécène* (2).

Le dossier de ces lettres, dont la copie a jadis été rapportée de la bibliothèque de Carpentras, si connue sous le glorieux nom de son fondateur, Mgr d'Inguimbert, a subi de considérables dommages. Plusieurs pièces ont disparu; quelques-unes ont été victimes d'accidents partiels. Tantôt, des anneaux entiers manquent à la chaîne; tantôt, d'autres anneaux ne se présentent qu'à l'état fragmentaire. Reconstituer le tout était impossible pour un travailleur auquel ses infirmités interdisent tout déplacement. Il fallait donc ou renoncer définitivement aux lettres bordelaises de Denis Guillemin, ou se résigner à n'en donner que des lambeaux. Dans

---

(1) Dans une récente livraison d'un recueil périodique très estimé, la *Revue des Universités du Midi*, M. Camille Jullian a daigné citer très aimablement les publications spéciales des deux amis. Très juste en ce qu'il a dit de M. de Lantenay, l'éminent critique s'est montré trop indulgent en ce qu'il a dit de moi.

(2) Une des lettres, et non la moins curieuse, est adressée à Jacques Dupuy, prieur de Saint-Sauveur, frère de Pierre Dupuy. Guillemin avait prié son docte correspondant d'en donner communication à Peiresc entre les mains duquel elle resta.

cette triste alternative j'ai choisi la moins dure des deux extrémités, et, sûr d'ailleurs de la bienveillance de mes chers lecteurs, les uns mes amis connus, les autres mes amis inconnus, je me suis décidé à leur offrir les débris de la correspondance du prieur, comme on offre, avec un cordial sans-façon et une douce confiance, un repas incomplet à des convives qui tiennent gracieusement compte à leur hôte de sa bonne intention, ainsi que de son regret de ne pouvoir mieux faire. Malgré les lacunes que je signale et que je déplore, le petit recueil des lettres de Guillemin paraîtra peut-être digne d'attention, et, en lisant certaines pages particulièrement intéressantes, comme celles qui concernent le duc d'Épernon, M<sup>lle</sup> de Gourgue, Martin de Laubardemont, le marquis de Lusignan, l'archevêque Henri de Sourdis, on se consolera de ne pas avoir à sa disposition tout le dossier primitif. Pour revenir à ma comparaison de tout à l'heure, on excusera, je l'espère, l'absence de certains plats en faveur de la succulence des autres, et on redira avec une souriante philosophie le mot consolateur : *Au moins les morceaux sont-ils bons!* (1)

Ph. TAMIZEY DE LARROQUE.

## I

MONSIEUR,

J'estime que meshuy vous aurez receu mes lettres de Mompelier en datte du IX du passé dont M<sup>r</sup> le général Ranchin (2) se vouleut charger à mon départ, pour vous les faire tenir plus seurement. Si cela est ainsi vous aurez veu par cette despesche en quoy je me suis employé de là, suivant mon instruction (3).

(1) Je donne en appendice — pour *dessert* — trois billets inédits adressés à Denis Guillemin. Un de ces billets sera certainement agréable à ceux qui se souviennent de la petite notice publiée ici (en janvier 1890) sous ce titre : *Une nièce de Peiresc, Claire de Fabri. Notes et documents*.

(2) C'était un général des finances, neveu de François Ranchin, le célèbre chancelier de l'Université de médecine de Montpellier.

(3) Voir les *Instructions* ou *Mémoire* pour le prieur de Roumoules (*Lettres de Peiresc*, t. V, pp. 233-243).

Depuis, renvoyant nostre voiturier de Tolose, je vous ay escrit par luy du xviii de feubvrier vous donnant compte du temps que nous avons demeuré en chemin d'Aix à Tolose, et de ce qu'en passant j'ay negotié à Besiers et Narbonne, ou icy. Je [*sic* pour j'ay] salué et par'é de vostre part à M$^r$ de Narbonne (1) luy faisant plainte de ce qu'on despessoit plusieurs belles inscriptions antiques, qui se retrouvoyent dans Narbonne, à la protection desquelles j'appris à l'heure mesme qu'un bourgeois de Narbonne nommé M$^r$ Garrigues travailloit fort soigneusement depuis huict ou dix ans (2).

Estant à Besiers, je vis M$^r$ de Maussac (3), qui apres m'avoir tout plein tesmoigné combien il vous honoroit et cherissoit, il m'asseura qu'au retour de nostre voiturier, il ne manqueroit point de vous escrire, et vous remercier d'un exemplaire des œuvres de feu M$^r$ du Vair (4) qu'on luy a rendeu de vostre part, sans nul autre pour M$^r$ Maran (5).

Par cette mesme voye je vous ay aussy envoyé un extraict du grand vase Egyptien de M$^r$ le chanoine Maran, aux discours duquel je n'ay pas recogneu qu'il eust envye de se desfaire de ce vase, ny moins qu'il pensast d'en obliger un

---

(1) Claude de Rebé, qui siégea de février 1628 à mars 1659.

(2) Honneur à cet intelligent et zélé protecteur des inscriptions de Narbonne tant appréciées par Joseph Scaliger avant d'être tant appréciées par Peiresc! Tous les épigraphistes, tous les archéologues doivent à jamais bénir le nom de Pierre Garrigues, ingénieur royal, consul de Narbonne, etc. (Voir *Lettres de Peiresc aux frères Dupuy*, t. I, p. 515, note 3.) J'ai eu le plaisir de publier une lettre de Garrigues à Peiresc dans un petit recueil de *Billets languedociens inédits extraits de la Méjanes* (Toulouse, 1891).

(3) Le grand helléniste Jacques-Philippe de Baderon de Maussac figure souvent dans les *Lettres de Peiresc*; il figurera aussi dans la galerie des correspondants de mon héros.

(4) On sait que Peiresc avait présidé avec un soin pieux à l'édition des œuvres de son intime ami le garde des sceaux Guillaume du Vair (Paris, 1625, in-f°).

(5) Ce professeur à l'Université de Toulouse et l'archidiacre Maran, qui va être nommé un peu plus loin, étaient fils du docte jurisconsulte Guillaume Maran, né à Toulouse en 1549, mort dans la même ville en 1621.

amy (1). Je croy que ce dessein, comme travail du sieur Chalettes, excelant peintre et fort vostre serviteur (2), vous aura contenté veu qu'il est entièrement conforme à son original. Avec cela, je vous ay encores envoyé deux exemplaires des decrets du synode provincial de Tolose, dont l'un est de feu M$^{gr}$ le cardinal de Joyeuse (3), en latin et de la plus vieille édition, l'autre françois et de feu Jean d'Orleans, son devanscier (4).

Pour les paratitles de feu M$^r$ Maran, elles sont, comme je vous ay escrit, aschevées d'imprimer, hors de la table, que j'ay encores laissée sous la presse (5). D'en avoir de Colmiez (6) qui les imprime il est impossible, veu que M$^r$ Maran qui fait la despence de l'impression a retiré chés soy tous les exemplaires, et n'ayant pas creu luy en devoir demander pour tout plein de raisons, je n'ay peu vous en envoyer.

Quant à l'histoire du Languedoc de feu M. Catel, elle

(1) Ces collectionneurs sont vraiment sans pitié ! Non seulement le chanoine-antiquaire ne voulait pas donner son beau vase égyptien à un confrère tel que Peiresc, mais il ne daignait pas même le lui céder à prix d'argent !

(2) Voir *Une lettre inédite de Peiresc à Jean Chalette*. Extrait de la *Revue de Champagne et de Brie* (1884). J'ai cherché à réunir autour de ce document le plus possible de renseignements sur un des plus remarquables artistes de la première moitié du xvii$^e$ siècle.

(3) François, cardinal de Joyeuse, siégea de 1584 à mars 1605.

(4) Le devancier de François de Joyeuse fut, non Jean d'Orléans, prélat imaginaire, enfant d'une distraction du bon prieur, mais Paul de Foix, qui avait succédé à l'illustre cardinal Georges d'Armagnac en 1577 et qui siégea jusqu'au 29 mai 1584.

(5) *Paratitla in XLII priores Digesti libros*, 1628, in-f°. La *Biographie Toulousaine* (t. II, p. 15) donne à cet ouvrage posthume de Guillaume Maran le titre de *Paratilla*, etc. Ah! s'il n'y avait que des fautes d'impression dans ce recueil si peu digne de la palladienne cité !

(6) Il s'agit là de l'imprimeur-libraire si célèbre sous le nom de Colomiez (Raymond). Ce qui excuse la méprise de Guillemin, c'est que son patron lui-même lui avait donné, au sujet de cette appellation, le mauvais exemple (*Instructions* déjà citées, p. 237). Voir ces mêmes *Instructions* pour les *Paratitles* de G. Maran, et généralement pour tout ce qu'écrit Guillemin touchant ses commissions toulousaines.

s'achesvera tost d'imprimer (1), et fait qu'elle le soit Mr de Pumisson, qui en poursuit le travail, m'a asseuré que tout quant et quant il vous envoiroit des premiers exemplaires (2), vous suppliant l'excuser, s'il ne se dispensoit de vous faire voir ce qu'il y en a desjà d'imprimé. Il vous escrit les raisons qui l'arrestent pour ast'heure de vous complaire en cela, et celles qui l'empeschent de vous envoyer aussy ce qu'il a sur le Pline de feu Mr Catel, son beau pere (3). Et sa lettre que je ne peus avoir assez à temps pour vous l'envoyer par nostre voiturier, je l'ay depuis retirée de luy et baillée à Mr d'Abbatia (4), pour vous la faire tenir le plus promptement qu'il pourroit, estimant qu'elle vous contentra *(sic)*, et fera voir les bonnes volontez que ledit sieur de Pumisson a pour vous. A cette depesche j'ay joinct aussy les lettres de Mr de Pamiers (5), de Mr le president de Cambolas (6), du R. P. Dom

---

(1) Sur le conseiller au parlement Guillaume de Catel et sur ses précieux ouvrages, les renseignements abondent dans la correspondance de Peiresc et surtout dans le tome VII (sous presse) où plusieurs lettres sont adressées au savant historien. J'ai l'intention de publier un petit recueil de ses lettres à son confrère du parlement de Provence dans un des prochains fascicules des *Correspondants de Peiresc*.

(2) C'est Jacques de Puymoisson, conseiller au parlement de Toulouse, gendre et héritier de Catel. On l'a parfois appelé à tort *Puymisson* et j'ai bien peur — Dieu me le pardonne! — d'avoir été un des coupables.

(3) Le *Pline* manuscrit possédé par Catel et enrichi des inappréciables notes d'un des plus doctes humanistes de la Renaissance, Guillaume Pellicier ou Pellissier, évêque de Montpellier, est très souvent mentionné dans la correspondance de Peiresc. Voir notamment tome I, p. 155, et tome V, pp. 239, 285.

(4) Sur Guillaume d'Abbattia, capitoul de Toulouse, voir les *Lettres de Peiresc (passim)* et spécialement le fascicule X des *Correspondants* (Montpellier, 1885).

(5) Henri de Sponde, dont je me suis occupé à diverses reprises dans la *Revue de Gascogne*. Je suis heureux d'annoncer qu'un très distingué chanoine de Pamiers, possesseur d'une plume aussi savante qu'élégante, M. l'abbé Sentenac, prépare une notice étendue sur son *ancien* évêque.

(6) Le président Jean de Cambolas est nommé plus d'une fois, ainsi que son fils le chanoine François de Cambolas, dans les *Lettres de Peiresc*.

Hilaire (1), avec son attestatoire et quittance de xxx escuz en faveur du P. du Val (2), de qui je vous ay aussy envoyé la promesse qu'il avoit faite aux PP. Benedictins à son depart de Tolose, et dans le mesme envelop *(sic)*, j'ay mis les lettres de M<sup>r</sup> Abbattia avec son eloge à M<sup>r</sup> de Momorancy *(sic)*, et les vers du balet de M<sup>r</sup> le Prince, avec quelques imprimés que je vous envoy, sur le sujèct des choses qui se passent en Languedoc.

Le jour avant que partir de Tolose, je vous escrivis encores pour accompagner la lettre de M<sup>r</sup> de Pumisson, de quoy ayant fait un pacquet je l'ay laissé à M<sup>r</sup> de Abbatia, qui m'a promis d'en avoir soin.

Le lendemain de nostre sortie de Tolose, je vis en passant à Agen, qui fut le xxii du passé, M<sup>r</sup> d'Andrault (3), que n'ayant pas rencontré ches lui, je l'allé trouver au Palais, à cause qu'on me vouleut asseurer qu'il n'en reviendroit que fort tard, pour estre Mess<sup>rs</sup> de la Chambre de l'esdit empeschés de pourvoir à un advis qu'on leur avoit donné ce matin là, que M<sup>r</sup> de Lusignan leur voisin (4) avait dessein sur leur ville, estant en cela secondé de plus de trois cens pretendus religionnaires, qui sous pretexte d'estre à la poursuite des

---

(1) Voir sur Dom Paul Hilaire, supérieur du noviciat des Bénédictins de Toulouse, les *Instructions* déjà plusieurs fois citées (p. 236, 237).

(2) Pour le P. du Val, renvoyons aux *Lettres de Peiresc* en général et particulièrement à *Peiresc abbé de Guitres* où mon vénéré autant que cher devancier a dit — comme il sait les dire. — beaucoup de choses sur ce saint religieux.

(3) On trouvera dans le tome VII (sous presse) de la correspondance de Peiresc diverses lettres adressées à ce conseiller au parlement de Bordeaux. Voir encore sur ce magistrat le fascicule I des *Correspondants de Peiresc* consacré à *Dubernard*, lequel était son secrétaire (Agen, 1879). Je publie en appendice (n° 5), une lettre écrite à D. Guillemin par le conseiller Joseph d'Andrault.

(4) C'était le marquis François de Lusignan, fils du baron Henri de Lusignan et père du marquis François II. Voir sur ce mauvais voisin de la ville d'Agen et sur toute sa famille mille détails dans mes *Documents inédits pour servir à l'histoire de l'Agenais* (1874).

procès dans Agen, avoyent quelque mauvoise volonté avec luy.

Ces Messrs aussy bien que ceux de Besiers sont en des continuelles apprehentions de leur personne, et sur cela je vous diray, Monsieur, qu'estant à Besiers nous apprismes que, le jour devant, qui estoit le jeudy x{me} de Feubvrier, une servante allant, sur les six heures du matin, à l'eau hors de la ville, apperceut dix ou douze soldas, qui passoyent païs. Allarmée de cette rencontre, elle s'en revint toute esperdüe criant qu'elle avoit descouvert le long des lices, une grande trouppe de soldas armés. Cette nouvelle ainsy espendüe parmy la ville donna si promptement l'esfray à tout le peuple, qu'une bonne partie de Messrs de la Chambre de l'Esdit s'en courut à la place, avec pistolets et hallebardes, l'autre moins courageuse, alloit où les chassoit la peur, entre lesquels Mr le second president, pour s'estre vouleu trop presipitament sauver au clocher de la grande Esglyse, se desmit un pied, apres quoy toute cette alarme cessa (1). J'en fis le recit ainsy à Mr d'Andrault, qui me dit : il s'en est fort peu manqué qu'à ce matin, il ne nous soit arrivé d'en faire aultant. Apres avoir rendeu tous les complimens qu'il me fut possible audit sieur d'Andrault de vostre part et de Monsieur de Valavez, il rentra dans la Chambre, pour prier Messrs de luy permettre d'aller jusques ches luy où il me mena dans son carosse, et ne me vouleut laisser partir que je n'eusse disné avec lui, et pendant que nous estions à table, il envoya vostre lettre et celle de Monsieur de Valavez avec sa relation sur l'entreprise de la citadelle de Mompelier à Messrs pour les entretenir cependent, veu que de temps en temps, ils le mandoyent appeller.

Parmy les discours que j'eus avec ledict sieur d'Andrault, il me representa, comme il y a quelque temps, qu'en vous

(1) Le prieur Guillemin ne décrit-il pas avec beaucoup de verve soit l'émotion générale, soit l'accident particulier dont fut victime le magistrat *déserteur*, auquel on peut appliquer le demi-vers de La Fontaine : *Rien ne sert de courir* ?

escrivant, il avoit marqué dans sa lettre, par appostille, que si vous estiez en volonté de traicter de vostre abbaye de Guistres, qu'il avoit un amy qui recherchoit de s'en accommoder avec vous, sur quoy il desiroit bien d'avoir vostre resolution afin d'en faire part à son amy, auquel il ne sçavoit que dire, veu qu'il n'avoit encores peu recevoir responce de cette affaire là de vous, sur quoy il me pria de luy dire si j'avois prins charge de luy en parler de vostre part, m'asseurant que si cela estoit, il s'esforceroit de vous y servir à vostre contentement. De quoy l'ayant remercié le plus honnestement que je peus, je le suppliay de croire qu'il n'y avoit rien aussy, que pouvant vous ne vouleussiez defferer à son affection, dans la faveur de laquelle je sçavois que vous remetteriez toujours tres volontiers vos interes, non seulement en ce qui regarde l'affaire de Guistres, mais en tout autre où vous croiriez qu'il en deust retirer de la satisfaction, et que j'avois particuliere charge de l'en asseurer ainsy de vostre part. Avec ces termes, ou d'autres à peu pres semblables, je tasche de me desfendre d'une interrogation dont je n'avois point d'ordre pour respondre, et sans m'engager à rien je fis voir à M$^r$ d'Andrault que vous n'aviez point obmis en m'envoyant de deçà, de me recommander de luy tesmoigner affectueusement l'estime que vous faites de sa bienveillance, et le ressentiment que vous avez du soin qu'il prend à vous procurer des recompenses (1) et permutations pour Guistres, dont j'entendrois toujours, quand il luy plairoit, les offres de son amy sur ce sujet, pour apres vous les representer par mes lettres. Il me dit qu'il ne manqueroit aussy d'avertir son amy de me voir de deçà et de mesmes encores d'escrire à un autre sien amy du parlement, pour m'offrir en son nom toutes sortes d'aides et faveurs, et que pour ce faire il m'envoiroit ses lettres ouvertes sous l'adresse de M$^r$ Brunet, vostre procureur, de quoy l'aiant encores humblement remercié, je le supplié de croire que je

---

(1) Pour *dédommagements*. Ceci complète ce que M. de Lantenay et son humble successeur ont raconté des ouvertures faites à Peiresc en vue de la cession de son abbaye au cardinal de Richelieu.

ne manquerois point de vous tenir adverty de tant de bonnes volontez qu'il me tesmoignoit d'avoir pour vous, non plus qu'à vous rendre soigneusement compte de tous les avantages que me pourra mettre en avant son amy, pour l'accommodement de l'affaire de Guistres. Ainsy au sortir de ce discours, et du disner, durant lequel M^r d'Andrault but deux fois à vostre santé (1), et de Monsieur de Valavez, il s'en retourna au Palais, m'ayant par plusieurs fois conjuré de prendre mon logement dans sa maison de deça, et protesté du regret qu'il avoit de me laisser ainsy, mais ce fut apres m'avoir tres soigneusement recommandé à un honneste d'homme d'advocat qui loge avec luy, le priant de ne me quitter point qu'il ne m'eust remis au batteau, où il me fist conduire avec son carosse.

De là continuant nostre chemin de Bordeaux, où nous ne peusmes arriver que le xxvi à cause des vens, qui nous faschoyent un peu, et qui nous donnerent le loisir durant tout un jour de voir la belle maison de M^r d'Espernon à Cadillac (2), ayant auparavant recherché à la Reolle Dom Teissiere (3), qu'on me dit estre à la Seaulve depuis huit ou dix jours. Ainsy passant sans le voir, nous arrivasmes le xxvi de Feubvrier sur les six heures du matin à Bordeaux, ayant pris la marée à une heure apres minuict, et suivant mon ordre la premiere chose que je fis estant à Bordeaux, a esté de chercher la maison de M^r Brunet, qui prist la peine de m'accompagner luy mesme au logis du sieur Brianson, où M^r Brunet me dit que le R. P. general Gaufreteau (4) estoit en ville, et sur son depart. Cest advis fist que je le prié de me

(1) *Deux fois!* C'est le cas de rappeler le *bis repetita placent*.

(2) On regrette que Guillemin, parfois si abondant et même si surabondant causeur, se contente de cette toute petite mention de la *belle maison* où Peiresc avait séjourné cinq ans auparavant, en septembre 1623. Voir *Petits mémoires inédits de Peiresc* (Anvers, 1889, p. 25).

(3) Voir dans les *Instructions* (p. 235) ce qui regarde Dom Teissière à La Réole.

(4) Sur ce visiteur général de la congrégation des Bénédictins, voir les mêmes *Instructions* (p. 236).

le faire voir, afin de ne manquer une si belle occasion, pour luy rendre vos saluts, ce que je fis avec tel heur, que je le trouvé qu'il desjunoit pour partir, là je luy fis entendre, de vostre part, tout ce dont il vous a pleu me charger par mon instruction, et avec cela le contentement que j'avois de l'honneur de sa rencontre si favorable à mon arrivée, qui me donnoit le moyen, luy rendant mes devoirs, de luy tesmoigner l'estime que vous faites de son affection et bienveillance. Il receut fort favorablement toutes les offres et asseurances que je luy sceus donner de vos bonnes volontez en son endroict, et agrea tout plein d'entendre que vous eussiez fait dessein de vous servir du pere Vaissiere de la Reolle en vostre abbaye de Guistres, si la necessité s'en fust presentée par l'absence du pere Du Val, comme aussy il receut à beaucoup de faveur de voir le pouvoir que vous luy adressiez pour la tradition d'habit des religieux de Guistres, que je luy mis en main. Apres cela me retirant au Chappeau rouge où j'avois pris logis, je n'y fus pas si tost qu'il m'y vint rendre ma visite, et redoubler les offres de son affection à vostre service. Le P. du Val à qui j'avois envoié Castillon pour l'avertir de mon arrivée, nous vint trouver le mardy dernier jour de Febvrier et luy ayant rendeu vostre lettre, baillé ses papiers, et asseuré de la continuation de vos bonnes volontez en son endroit, il m'a tesmoigné d'estre fort satisfait, hors de la rencontre qu'il a eu icy du pere Garnier, qu'il voudroit bien renvoyer s'il pouvoit en Provence avec le pere Chabert (1), disant qu'il les changeroit volontiers pour des reformez. Il a tousjours cette passion de reforme dans la teste, laquelle je trouve en quelque façon nuisible au bien de vos affaires, et si vous l'aviez agreable, Monsieur, il seroit à propos que pour l'avantage de vostre service de deça, vous fissiez cognoistre au pere du Val que vostre volonté seroit qu'il vescut meshuy en repos, et se contentast d'avoir esprouvé ses forces à la recherche d'un si pieux dessein, sans plus en parler dors en là, veu que cette

(1) Sur tous ces religieux on peut consulter *Peiresc abbé de Guitres* et le *Supplément*.

poursuitte rend triste, chagrin, et desdaigneux contre ceux qui n'ont la mesme affection que luy pour la reforme. Je ne luy ay encores rien vouleu dire de cette attestatoire, que j'ay retirée du pere Hilaire pour vous servir à luy obtenir de Rome une descharge de son scrupulle, estimant qu'il en doit plus tost sentir le coup que la parolle, estant de l'humeur qu'il est. Je luy fais bien quelque fois sentir comme plusieurs de vos amis vous ont vouleu empescher d'establir la reforme à Guistres, je vous ay veu doubteux en vos resolutions la dessus. Si ce bon pere trouvoit estre une fois gary de cette passion de reforme il seroit plus maniable et plus doux à ses confreres. Je laisse à son soin le recit de ce que nous avons fait avec le pere prieur de S$^{te}$-Croix, estimant bien qu'il ne manquera pas de vous entretenir de cette matiere, puisqu'on y parle de reforme, à laquelle je n'ay pas les mesmes inclinations que luy, pour l'oppinion que j'ay que tost ou tard elle consommeroit tous vos revenus de deça, dont nous sommes apprès de vous envoyer douze cens livres, par la voye de Marseille qui sont de la ferme de Fronsac, le reste de Guistres s'employant à l'entretien des religieux et du bastiment. C'est pourquoy M$^r$ Brianson (1) dit que le pere du Val consumme tout à bastir, et le P. du Val en revanche dit que M$^r$ Brianson consumme tout en proces. Ainsy je ne trouve de deça que fort peu de chose à recueillir, pour vous envoyer de dela, mais si Dieu nous fait la grace de vivre, je travailleray de vous avantager de plus que cela. Comme j'ay esté icy je pensois de pourvoir, par la mort de M$^r$ le Cardinal (2), au prieuré de Sablon (3), estimant qu'il en fust pourveu, mais j'ay appris du pere du Val qu'il ne l'a jamais eu, ains seulement avoit dit autrefois au P. du Val qu'on le luy vouloit donner en accommodement d'un proces qu'il avoit avec celuy qui possede ledit prieuré de Sablon aujourd'huy. Si cela eust esté

---

(1) Personnage mentionné dans les tomes V et VI des *Lettres de Peiresc*.
(2) Le cardinal François de Sourdis, décédé le 8 février précédent.
(3) Aujourd'hui commune du canton de Guîtres, à 2 kilomètres de cette ville.

à feu Mr le Cardinal, nous n'eussions pas manqué d'en pourvoir quelqu'un de vos religieux.

Vous trouverez icy une lettre que Mr d'Andrault m'a faict rendre par Mr de Fayard, qui a pris la peine de me l'apporter luy mesme à nostre logis, qui est meshuy chez un marchant appellé Mr Cornu à la rue de Fosset où je suis en chambre garnie à sept escus le mois, porte à porte du sieur Brianson. Au reste, Monsieur, je ne vis jamais une pareille cherété à celle que nous trouvons de deça en toutes choses (1). L'on tient que le voisinage de La Rochelle en est cause.

J'ay rendu tout ce que j'avois de vos lettres et de Mr le commandeur de Fourbin (2) à ces Messrs de deça et à Mr de Maillezais (3), à qui j'ay aussy remis vos lettres de feu Mr le Cardinal. Mr le premier president m'a fort favorablement receu (4), et Mr de Maillezais tout caressé, et je les ay long temps entretenus l'un et l'autre sur les nouvelles de nostre païs, aux discours desquelles Mr le premier president m'a tesmoigné de prendre plaisir, et sortant d'auprès de luy il m'a fait l'honneur de me mesner jusques à la porte de la sale. J'ay fait cette visite seul avec Brianson pour n'importuner Mr de Monts (5), qui m'a promis d'avoir soin des lettres que vous lui addresserez pour nous de deça, et de nous les faire prontement rendre.

---

(1) Les journaux de Bordeaux se plaignent actuellement, comme Guillemin s'en plaignait il y a 269 ans, de l'extrême cherté de la vie dans la capitale de la Guyenne.

(2) Cet officier de marine, de la vieille famille provençale de Forbin, était un parent de Peiresc et occupe une large place dans sa correspondance.

(3) Henri de Sourdis, qui allait remplacer l'archevêque, son frère.

(4) Marc-Antoine de Gourgue, successeur de Claude Mangot (27 septembre 1616), devait mourir le 9 septembre 1628.

(5) Ce personnage est souvent mentionné dans les *Lettres de Peiresc*. L'éditeur de ces lettres en a fait imprudemment un conseiller au parlement de Bordeaux. On ne voit figurer à la date voulue aucun de Mons dans la *Liste générale des membres du parlement de Bordeaux* publiée par M. Dast Le Vacher de Boisville en tête du tome XXXI des *Archives historiques du département de la Gironde*, 1896.

Pour les exemplaires du Journal du siege de l'isle de Rhé (1), il est impossible d'en avoir de deça, veu qu'il ne s'en trouve plus. Le sieur Brianson dit qu'il vous en a envoyé un par la voye de Paris. Je ne laisseray pas d'en faire encores plus particuliere recherche, comme aussy des plus vieilles editions des decrets du synode provincial de Bordeaux. Mʳ de Fayard (2) m'a offert tant et tant d'honnestetés de la part de Mʳ d'Andrault et de la sienne que j'en suis demeuré tout confus, et ledit sieur d'Andrault ne s'est pas encores contenté de cela, mais il m'a aussy envoyé un sien nepveu pour m'r'offrir sa maison, et tout ce qui se pourroit pour vostre service. Mʳ de Fayard a esté autrefois rapporteur de quelques unes de vos affaires de deça, et s'il se presente occasion de vous servir en sa compagnie, j'estime qu'il le fera avec affection, comme estant tout acquis à Mʳ d'Andrault, et fort vostre serviteur. Si vous aviez agreable de lui escrire, et à Mʳ de Grimald, vostre commissaire, et rapporteur de l'affaire d'Arvayres (3), ils tiendroyent cela à faveur. Je dois un jour de cette sepmaine travailler à appoincter l'affaire que vous avez avec Mʳ le conseiller Thibaut (4), puisque c'est luy seul qui met de l'empeschement à nos desseins, et de qui la faveur retarde de tout l'effet de mes recognoissances d'Arvayres. Je tascheray d'obliger cest homme à vostre nom en tout ce qui me sera possible, et pour le reste ce que je pourray accommoder je le feray afin d'estouffer [ici un mot surchargé] cette hydre de proces, qui ne vous produit de deça qu'une despence incroiable. Dieu par sa bonté me donne la grace de vous faire voir en mes actions de deça combien

---

(1) *Le vray Journal de tout ce qui s'est passé dans l'isle de Ré* (Toulouse, R. Colomiez, 1628). Voir *Instructions à Guillemin*, p. 235.

(2) Six membres de cette famille ont été conseillers au parlement de Bordeaux (1531-1665).

(3) Commune du canton de Libourne mentionnée dans le tome V des *Lettres de Peiresc*, p. 523.

(4) Martial de Tibault, conseiller depuis 1614.

veritablement je fais gloire d'estre sur tout autre du monde, Monsieur, vostre, etc.

De. Guillemin.

De Bordeaux ce dimanche 5 mars sur les 4 heures du soir 1628.

Mr de Besleisle (1) m'est veneu à ce matin faire tout plein de protestations de vouloir vivre et mourir vostre serviteur. Je ne luy ay encores rien dit de vos affaires. J'oubliois de vous dire que la lettre de credit que Mr Garnier a donné à son filz (2) pour avoir d'argent de deça, n'est pas faite au contentement de celuy à qui Mr de Gastine (3) l'adresse. C'est pourquoy il ne nous a rien voulu bailler (4).

# DENIS GUILLEMIN A BORDEAUX
*(Fin)*

## II

*Fragment de lettre à M. de Valavez, frère de Peiresc* (1).

... L'on croit icy Mr d'Espernon tres mal avec Mr de Maillezais (2), et le premier suject qu'ils en ont pris l'un l'autre, c'est qu'à la mort de Mr le cardinal de Sourdy, Mr de Maillezais n'estant pas icy, Mr d'Espernon fist apporter chez luy les clefs d'une porte qui est au pied d'une tour servant de muraille à la ville, que de tout temps les Archevesques de Bordeaux ont accoustumé de garder pour passer commodement de l'Archevesché à leur jardin qui joinct par dehors les murailles de ville, ce qui servoit aussi de passage à feu Mr le cardinal pour aller à la Chartreuse, où voulant Mr de Maillezais faire passer le corps de feu Mr le Cardinal, Mr d'Espernon luy reffusa la clef, et failleut [pour fallut] que Mr de Maillezais fist traisner ce corps dans un carrosse par un grand tour de ville. Outre plus Mr de Maillezais allant l'autre jour visiter M. d'Espernon chez luy, le dict sieur d'Espernon n'accompagna Mr de Maillezais que jusqu'à la porte de sa chambre, dont Mr de Maillezais s'en alla fort mal satisfait. L'on dit aussy que Mr d'Espernon fait ce qu'il peut pour l'empescher de parvenir à l'Archevesché, dont il n'a encores nulles provisions, et n'est recogneu de deça que comme evesque de Maillezais, mais en revanche il y est fort consideré comme favory de Mgr le cardinal [de Richelieu] qui

---

(1) Voici les premières lignes de cette lettre écrite le même jour que la précédente : « Monsieur, nous voicy par la grâce de Dieu heureusement arrivez à Bordeaux depuis le xxvi du passé, où nous avons déjà commencé de mettre la main à vos affaires... »

(2) Dans le récit qui va suivre de la querelle entre le duc d'Épernon et H. de Sourdis, on entend déjà gronder l'orage qui devait éclater avec tant de violence quelques années plus tard.

comme Admiral lui a baillé commission de prendre tous les vaisseaux qui sont en ces mairs *(sic)* de deça, pour employer à la digue de la Rochelle, à quoy d'autre costé M$^r$ d'Espernon donne tous les empeschemens qu'il peut, disant que le pouvoir de M$^{gr}$ le cardinal n'est que pour les mairs, et non pour les rivieres, et M$^r$ de Maillezais dit qu'il s'estant jusques où pousse le refflus; ils en sont en des fortes attaques. quelques fois, et depuis huit jours un marchand de ces quartiers, ayant ammené un beau navire tout neuf dans cette riviere, M$^r$ de Maillezais le vouleut avoir. M$^r$ d'Espernon l'avoua pour sien, afin de le conserver, de laquelle action on a ouy M$^r$ de Maillezais parler fort hault, dans son cabinet, en compagnie d'assez de gens. Vous ne croiriez, Monsieur, comme le bruit est grand deça que M$^r$ de Maillezais a bonne part en l'affection de M$^{gr}$ le cardinal et qu'entre luy et M$^r$ de Mende (1) ils gouvernent favorablement ce grand prelat. J'aurois bien des choses à vous dire sur ce suject... (2).

### III

*Fragment de lettre à Peiresc.*

... Mardy au soir xviii de ce mois M. d'Espernon, qui est toujours à Agen, fist conduire aux prisons de la maison de ville de Bordeaux M$^r$ de Lusignan dont je vous ay parlé dans ma lettre du 5 de mars (3), par son capitaine des gardes, suivy de vingt-cinq ou trante chevaux. Il est de la religion pretendue, et comme tel, l'on dit qu'il est de cette grande conjuration qui

---

(1) Le jour même où Guillemin signalait la grande influence de l'évêque de Mende, Daniel de la Mothe du Plessis-Houdancourt, ce prélat rendait son âme à Dieu. Il allait être remplacé, sur le siège de Mende, le 26 du même mois de mars 1628, par Sylvestre de Cruzy de Marcillac.

(2) *Ibid.*, f° 80. Je néglige diverses lettres d'affaires qui ne seraient intéressantes pour personne. Il y est surtout question de l'abbaye de Guîtres, du P. Chabert et de sa prise de possession du prieuré de Saint-Michel de la Rivière.

(3) Les détails qui vont suivre sur François de Lusignan sont d'autant plus curieux qu'ils n'avaient pas encore été donnés aussi complètement.

se tramoit asthure en France, entre les seigneurs et quelques gentilshommes de la pretendue reforme. L'on tient ce seigneur de Lusignan tout plein considerable en çe pais, et comme puissant parmy ceux de son party. Il estoit tout plein redoubté de Mess$^{rs}$ d'Agen ; durant le siege de Montauban où il estoit dedans, sa belle maison qu'il a proche d'Agen fut demolie et ses bois couppez par arrest de la Chambre de l'Edit d'Agen. Il a un filz qui s'est faict catholique depuis deux ans, qui suit M$^r$ d'Espernon, qui neantmoins n'a pas laissé de faire attraper son pere allant à la chasse. Le frere aisné de feu Chalais estoit aussy de cette conspiration avec ceux de la religion, quoyqu'il n'en fist pas profession ; il s'est sauvé dans Nimes. L'on nous allarme fort icy de la descente des Anglois en ces costes, et croit on asseurement qu'ils ont une puissante armée pour venir secourir s'ils peuvent la Rochelle. Dieu par sa bonté les en escarte aussy loing qu'ils desirent s'en approcher, et me donne à moy la grace, en ces beaux jours de feste, de faire chose qui luy soit agreable, et qui puisse m'obtenir du ciel la faveur de meriter continuellement l'honneur de me dire, Monsieur, vostre, etc.

DE. GUILLEMIN.

De Bordeaux ce mercredy de la semaine sainte 19 avril 1628 (1).

## IV

*Fragment de lettre à Peiresc.*

... Les foires et marchés de Guistres feront voir à M$^r$ de Lobardemont (2) que nous ne sommes pas pour nous laisser

(1) *Ibid.*, f$^{os}$ 92-95. Dans les premières lignes de cette longue lettre, le prieur donne de grands éloges à la courtoisie de « M. de Monts qui sur les deux heures de relevée prit la peine de venir à mon logis en carosse pour me mener au noviciat des Peres Jesuistes où je vis dans leurs archives l'acte de procuration de feu messire Denys Huraud pour la demission de son prieuré de Saint-Michel de la Rivière ».

(2) Il s'agit là du fameux Jean de Martin, baron de Laubardemont, mort conseiller d'Etat, à Paris, en mai 1653. Je voudrais bien qu'un travailleur

braver à luy, et qu'il nous sera plus glorieux de luy resister de cette façon, que d'en venir aux prises sur le bord de la riviere avec luy, quoyque depuis peu il y ait fait mettre au prejudice de ses promesses un gros pilié de bois où est attaché une fueille de fer blanc et ces paroles escrites dessus : *Port de Lobardemont*. Nous luy ferons tout doucement resistance, avec l'establissement de ces marchés à Guistres, estimant que cela luy donnera fort dans la visiere, et qu'il aura prou affaire s'il prent attache de venir à toutes les foires et marchés exerser sa justice dans vostre bateau de passage. Je croy que s'il n'en pert du tout l'envye, pour le moins en sera-t-il bien degousté. Aussytost que je sçauray qu'il sera en cette ville j'auray soin de le voir pour le sommer des belles promesses et voir ce qu'il voudra dire (1).

## V

*Fragment de lettre à Peiresc.*

... En suite de cette mauvaise intelligence parmy eux le s$^r$ de Tuderd a disposé sa niepce (2) de se retirer d'avec Mad$^e$ la présidente (3) et de le suivre à Paris, ce que le vi$^e$ de ce mois ils mirent à effect, au grand desplaisir de la

---

consciencieux consacrât enfin une étude impartiale à ce magistrat si discuté, si contesté. Jean de Martin était seigneur de la terre et du moulin de Laubardemont, sur la rive gauche de l'Isle, tout près de Guîtres, et c'est en cette qualité qu'il tracassait son voisin Peiresc.

(1) *Ibid.*, f$^{os}$ 96-98. Nous trouvons (f° 100) une lettre écrite « de Bordeaux, ce vendredy à cinq heures du soir, xvi de juin 1628 », où Guillemin annonce à Peiresc l'envoi de six exemplaires du livret de Jean Perez (de Mirande), professeur d'éloquence au collège de Guyenne, professeur resté inconnu à feu Gaullieur, livret imprimé par Guillaume Millanges en 1626 (in-4°) et sur lequel on peut voir une note de l'*Entrée du Roy Charles IX à Bordeaux*, réimprimée en 1882 par P. Chollet (Sauveterre-de-Guyenne, petit in-4°, p. 8).

(2) Marie de Gourgue, fille de la première femme du premier président (Marie de Séguier), avait, comme nous allons le voir, deux oncles du nom de Tuderd, dont l'un était doyen du chapitre de Notre-Dame de Paris, et l'autre conseiller au parlement de cette ville.

(3) La seconde femme de M. A. de Gourgue était Olive de Lestonnac.

dite dame, et de Mess^rs de Gourgues, oncles paternels de M^elle de Gourgues, laquelle sans dire à Dieu à aucun des siens, a suivy les dicts sieurs Tuderd et doyen ses oncles maternels. D'abord que cette nouvelle fut espendüe par ville, l'on disoit partout que Mad^elle de Gourgues avoit esté enlevée de ces Messieurs par l'aide de M^r d'Espernon, mais du depuis l'on a sceu qu'il ne s'estoit rien fait que du consentement de la dite damoiselle qu'en sortant d'icy avec ses oncles, M^r d'Espernon manda un des siens chez Mad^me la presidente pour luy rendre une lettre de la part de la Reine mere, par laquelle Sa Majesté tesmoignoit desirer d'avoir Madamoiselle de Gourgues pour la tenir pres de sa personne. Cette lettre ou veritable ou supposée fut neantmoins portée si à propos qu'elle retint Mad^e la presidente et Mess^rs de Gourgues, de faire plainte de cette action au parlement, et d'envoyer apres ces Mess^rs de Tuderd, se craignant aussy que M^r d'Espernon, qui n'a pas toute l'affection, qu'on desiroit bien à la memoire de feu M^r le premier president (1) ne se desclarast en faveur de ces Mess^rs les parisiens, qu'il a fait monstre d'aimer fort particulierement pendent leur sejour de deça. M^r de Servian, qui s'estoit retiré icy depuis la prise de la Rochelle (2), a tesmoigné estre tout plein desplaisant de cette fuicte, pour la recherche qu'il fait de cette fille en mariage suivant l'intention qu'en avoit feu M^r le president son pere avant qu'ils vinsent aux prises et à l'effect de ces maudis arretz, qui ont cousté la vie au pauvre feu M^r le president (3). Le dict sieur de Servian, pour excuser ses

(1) Déjà mentionné dans la première des Lettres de Guillemin, qui fut si touché de la politesse avec laquelle ce grand personnage le reconduisit jusqu'à la porte de la salle où il l'avait reçu.

(2) Abel Servien, marquis de Sablé, fut successivement intendant de justice en Guyenne (1627), premier président au parlement de Bordeaux (26 juin 1630), secrétaire d'État de la guerre (11 décembre de la même année).

(3) On sait que M.-A. de Gourgue mourut victime de la brutalité de Louis XIII auquel il avait résisté avec toute la noble indépendance d'un vrai magistrat.

poursuites et son sesjour de deça, feignoit s'estre retiré malade du camp de la Rochelle et n'estre venu icy que pour se remettre et changer d'air. Le bruict est qu'il faict ce qu'il peut pour avoir la place de premier president de Bordeaux. La plus grande part de Mess^rs du parlement l'ont visité, et quelques uns traicté, et de tous ceux qui l'ont vouleu voir il n'en a refusé aucun, hors de M^r de Briet (1), qu'il dit luy avoir rendu tout plein de mauvais offices pres du Roy, sur quoy le dit sieur de Briet proteste ne s'estre jamais lasché d'autres choses sinon qu'estant un jour pres de Sa Majesté pour des affaires particulieres qu'il avoit à luy parler, le Roy se plaignant à luy, comme estant du corps de ce parlement, de quoy ils estoyent allés si vite contre le dit sieur de Servian, il luy repartit qu'il ne failloit pas aller lentement pour attraper un Dauphinois. Le jour que Mad^elle de Gourgues sortit d'icy, Mad^e la presidente avoit pris medecine, que la dite dam^elle luy avoit elle mesme presentée au lict ce matin là. Et quelques huict jours avant sa fuicte, Mad^e la presidente luy ayant vouleu faire cognoistre qu'elle sçavoit son mauvais dessein, la dite dam^elle de Gourgues luy protesta avec pleurs et serment qu'elle aimeroit mieux mourir que d'avoir pensé à luy desplaire de la sorte, la suppliant tres humblement de n'avoir pas cette croyance d'elle. L'on avoit aussy donné advis à Mad^e la presidente que M^r de Teuderd, sous pretexte d'aller voir la Rochelle, le Roy y estant encores, avoit poursuivy là un arrest au Conseil demandant que la dite damoiselle de Gourgues fust donnée en garde aux Carmelites de cette ville, ou à celles de Paris, dans la maison desquelles Mad^e d'Autry mere de la premiere femme de feu M^r le president, est religieuse, et comme grand mere de M^elle de Gourgues, le dit sieur de Tuderd rescherchoit qu'elle luy fust baillée en sequestre. Tous ces advertissemens portés à temps à Madame la presidente et à Mess^rs de Gourgues

---

(1) Jean de Briet, alors conseiller au parlement de Bordeaux depuis plus de trente années.

pouvoyent assez les obliger à penser de plus prez aux entreprises de ces Mess^rs de Tuderd, s'ils eussent vouleu empescher la fuicte de cette fille. Mais il semble, quelque plainte en apparence que les uns et les autres fassent de son depart, qu'ils en soyent plus satisfaicts en leur ame qu'ils ne tesmoignent au dehors. Veu que Mad^e la presidente se croit de là deschargée des obligations qu'elle estimoit avoir de recognoistre de ses biens la dite d^elle de Gourgues comme estant sans enfans, et ayant receu des grands avantages de feu M^r le president. Mess^rs de Gourgues, parce qu'ils ont opinion que leur niepce estant à Paris se fera carmelite (1), veu l'inclination qu'elle y a, et de plus qu'elle y sera encores attirée et par la presence de sa grand'mere carmelite, et par les persuasions de M^r le cardinal de Berule son oncle aussy maternel, de qui l'on dit icy que luy et Mad^e d'Autry ont porté le sieur de Tuderd à enlever cette fille (2), de façon que ces Mess^rs de Gourgues, quoy qu'ils soyent tres asseurez que leur niepce donnera tout ce qu'elle pourra aux Carmelites, si elle y entre, neantmoins sçachant que la baronie de Vaires ne leur manquera pas, puisqu'elle leur est substituée par le testament de feu M^r le premier president leur frere, se satisfont de là et s'excusent du mieux qu'ils peuvent du depart de leur niepce, et en accusent Mess^rs de Tuderd contre qui ils disent que pour se prevaloir du dot qu'ils doivent encores de la feu mere de la dite damoiselle de Gourgues, ils sont venus de deça la suborner et ammener aux yeux de ses plus proches, afin que dans la confusion de sa faulte, et la desobligation des siens, ils la peussent plus aisement faire condescendre à se voiler dans un cloistre. Apres quoy ils disent encores que puisque leur niepce s'est laissée aller à une telle action qu'ils ne sont nullement obligez de pourchasser sa liberté. Et moy au contraire je dis, Monsieur, que

---

(1) C'est ce qui arriva le 7 mai 1630.
(2) Ce doit être là un jugement téméraire! Jamais un saint tel que le cardinal de Bérulle n'eût conseillé d'employer, même dans une bonne intention, un moyen aussi vif qu'un enlèvement!

je voudrois au pris de mon sang avoir peu arrester cette fille, et sçavoir un moyen pour faire voir à ces Messrs de Tuderd le tort irreparable qu'ils luy font et le desplaisir extreme qu'ils m'ont causé de m'avoir par cette action osté le moyen que je m'estois acquis depuis la mort de feu Mr le president pour parfaire heureusement ce qui me reste de vostre affaire du dixmon de Fronsac. C'est la verité que le ressentiment que j'ay de me voir de là descheu des esperances que j'avois de ne vous donner moins de contentement en l'effect de cette eschange d'Arvaires avec le dixmon de la maison de Gourgues, que je vous en promis du traicté des peres jesuites, m'est bien si sensible, que je ne sçay à quoy me resoudre ny sçavoir où prendre ma satisfaction dans le desordre des affaires de cette fille, veu que ces Messrs de Tuderd l'ont ammenée si precipitamant, qu'ils ne luy ont laissé nul loisir pour donner ordre à ses affaires (1)...

## VI

### *Fragment de lettre à Peiresc* (2).

...Et ego authoritate Ecclesiæ, et ea qua fungor, absolvo te a vinculo excommunicationis quam incurristi, quia claustrum et immunitatem ecclesiæ meæ metropolitanæ perfregisti, manum armatam militum ut me currumque meum in via sisterent misisti, statione disposita palatium nostrum vallasti, jurisdictionem ecclesiasticam violasti, eamque tibi arrogasti, nos clerumque nostrum insignibus et indignis contumeliis affecisti. In nomine Patris, etc. Cette absolution ainsy prononcée,

---

(1) *Ibid.*, f{os} 117 à 123. La lettre entière, écrite de Bordeaux le 7 janvier 1629, s'étend du folio 116 au folio 127. On comprend qu'après cela le prieur s'excuse ainsi de sa loquacité (p. 128) : « Monsieur, je vous demande tres humblement pardon si j'abuse et de vostre bonté et de vostre patience en vous entretenant si long temps par mes lettres... »

(2) Le commencement de cette lettre manque dans le registre de l'Inguimbertine. C'est d'autant plus fâcheux que le document acéphale contient une relation plus circonstanciée et plus curieuse de la cérémonie de l'absolution du duc d'Épernon à Coutras.

Mʳ l'Archevesque descendit de sa chaire et prit par la main Mʳ d'Espernon, qui eust prou peine à quicter son gand de cerf, comme y en ayant un petit au dedans, qui l'embarrassoit, et prenant la main de Mʳ l'Archevesque, ils entrarent tous deux dans l'Eglise, dont toutes les portes estoyent fermées pendant cette action, apres laquelle elles furent ouvertes. Tous ces Messieurs sus nommés, qui avoyent accompagné Mʳ d'Espernon dans ce parvis, feurent tout autant que luy à genoux, quoy qu'il n'y eust point de benediction à prendre là pour eux, hors de Mʳ de Nantes (1), qui arrivant là se plassa au dessus de Messʳˢ de Parlement qui avoyent une chaire vide au dessus de eux qu'on avoit mise là, dit le commun bruit, pour Mʳ d'Aires (2), mais il ne se fist point voir, en tout cela. Mʳ le duc de la Vallette ayant laissé Mʳ son pere entre les mains de Mʳ de Bordeaux prit Mʳ de Mons à part auquel il fist de grandes plaintes de la forme d'absoudre que Mʳ l'Archevesque avoit tenüe envers son pere, auquel il avoit plustost faict un reproche que donné absolution, et comme ils estoyent en ces termes, Mʳ d'Espernon se presenta pour sortir de l'Eglise, qui les interrompit et de là s'alla promener dans les allées du jardin de Coutras, attendant que Mʳ de Bordeaux feust retiré, pour le saluer à sa chambre, et voyant que Messʳˢ de Parlement ne l'avoyent pas suivy, il les envoya inviter et prier de le voir par Mʳ des Aigues (3), et les ayant pres de luy, il leur tesmoigna, comme il l'avoit desja faict dans sa maison, où à son arrivée cez Messieurs l'estoient allé saluer, qu'il avoit force obligations à Mʳ le Premier President (4), du choix qu'il avoit faict de leurs personnes, pour se trouver à cette action, et qu'outre l'obligation aussy qu'il leur en avoit, il les prioit encore qu'il leur eust celle là

---

(1) Philippe Cospeau, successivement évêque d'Aire, de Nantes et de Lisieux.

(2) Gilles Boutaut, dont l'épiscopat se prolongea de 1626 à 1649.

(3) Jacques Desaigues était conseiller au parlement de Bordeaux depuis l'année 1631.

(4) Antoine d'Aguesseau (1632-1643).

d'asseurer leur compagnie, que depuis soixante ans qu'il avoit l'honneur de servir les Roys, où par ses services, il avoit acquis quelque peu de reputation et de gloire, il pouvoit avec vérité dire aujourd'huy que de toutes les actions qu'il avoit produictes, il n'en fist jamais une qui luy laissast plus de satisfaction que celle qu'il venoit maintenant de faire, puisque nostre S$^t$ Pere l'avoit ainsy ordonné, à qui comme chrestien il devoit toute obeissance, et que le Roy son maistre, qui est le plus juste et le plus puissant monarque du monde, le luy avoit commandé, et M$^r$ le cardinal, le plus digne et le plus judicieux des hommes, le luy avoit conseillé, et que ces trois considerations luy faisant avoir un contentement nompareil de son action, il leur en avoit bien voulou rendre ce tesmoignage de sa bouche, s'asseurant qu'ils en feroient part, puisqu'il les en prioit bien fort, à leur compagnie, et qu'en leur particulier, il leur restoit beaucoup obligé de la peine qu'ils avoyent pris pour luy. Sur cela l'on luy vint dire que M$^r$ l'Archevesque estoit en l'impatience de l'embrasser : allons, dit-il, le trouver, et ce qui se passa en cette entrevüe le temps ne me permet pas de vous l'escrire icy, vous suppliant d'agreer que ce soit pour le prochain ordinaire et qu'astheure je me puisse dire,

  Monsieur,

    vostre tres humble et tres obeissant serviteur
              De. Guillemin.

De Bordeaux ce 28 septembre 1634 (1).

## VII

*A Monsieur de Saint-Sauveur,*
*A la rue des Poitevins prez S$^t$-André des Arcs*
*chez Monsieur de Thou,*
*A Paris.*

Monsieur,

Ce reste de relation sera, s'il vous plaist, pour accompagner la suite de celle que je vous adressay le xxi de ce mois

(1) *Ibid.*, f° 139.

sur le suject des desordres qui s'estoyent passez icy le xIIII où Messieurs du parlement ne trouvant pas bien leur seureté parmy cette populace mutinée, prirent resolution de deputer deux d'entre eux vers Monsieur d'Espernon, qui estoit pour lors en sa maison de Cadillac, afin de l'informer du mauvais estat de cette ville et l'inviter à les secourir de son authorité et despartir ses sages conseils, à quoy il les satisfist aussy tost, se rendant icy le xVIII accompagné de quantité de noblesse et de tous ses domestiques avec quoy il vint descendre à l'Hostel de Ville, où la premiere chose qu'il y observa fut de commander aux jurats d'oster de dessus leurs espaules leurs chaperons et les cacher sous le manteau et de cette sorte se retirer chez eux comme gens qui s'estoyent tres mal comportez en la garde de la Maison du Roy. Ce que les jurats ayant entendus, ils presentarent tout à l'heure mesme leurs chaperons à M$^r$ d'Espernon qu'il leur desnia d'accepter, avec la priere qu'ils luy faisoyent de permettre qu'ils se demissent de leurs charges entre ses mains. Sur quoy il leur dit : Le Roy vous en ayant honorez, je ne puis recevoir vos offres que Sa Majesté ne soit pleinement informée de vos deportemens, afin qu'elle ordonne de vos charges ce qu'il luy plaira. Cela dit, et les juratz retirez, M$^r$ d'Espernon prit le soin de faire attacher ses armes entre celles du Roy et [celles] de la ville au May qu'on avoit planté le premier de ce mois au devant la Maison de ville, veu que les jurants avoyent faict quelque difficulté qu'elles y fussent possées [pour *posées*], comme n'estant pas la coustume telle, si non lorsque les gouverneurs se trouvent en charge de Maire, d'autant que le May qui se met devant la Maison de ville, est particulierement pour eux, possé au devant de leur maison, auquel cas leurs armes y sont attachées entre celles du Roy et de la ville, les registres de laquelle les jurats protestent d'avoir soigneusement examinez sur ce suject, pour s'instruire comme depuis quarante ans en ça leurs devanciers en avoyent usé en pareille rencontre, sur quoy ils s'accordent tous, qu'ors des armes de Mess$^{rs}$ d'Ornanne *(sic)*, du *(sic)* Mayenne, et de Rocquelaure, nulles autres que du Roy et de la ville, n'ont paru sur ce May de la maison commune, que celles des dits sieurs pendant les années seulement qu'ils avoyent la qualité de maire jointe à celle de gouverneur. Sur quoy ils mettent encore en advant, qu'en semblables occasions l'on a teneu envers Mons<sup>r</sup> le prince mesme severité en cela, du temps qu'il commandoit pour le Roy en cette province, qu'on a faict aux autres gouverneurs. Aussy recognoist on icy toutes ces contentions pour estre un pur reliquat des desordres que nous avons veu esclatter entre M<sup>r</sup> d'Espernon et M<sup>r</sup> de Bordeaux, plustost que tout autre sepecieux *(sic)* pretexte, qu'on prenne à demander ou refuser telle chose, puisque le jeu n'en vaut pas la chandelle, et neantmoins cecy est pour causer du vacarme de deça, veu que M<sup>r</sup> d'Espernon travaille à destruire en la personne des juratz d'aujourd'huy, ce que M<sup>r</sup> de Bordeaux y bastit l'année passée au prejudice de ceux que M<sup>r</sup> d'Espernon avoit eslevez avant à telles charges; ainsy chascun à son tour. Mais ce deny d'honneur faict de la sorte à M<sup>r</sup> d'Espernon par les jurats, ne sert pas beaucoup à les descharger du manquement d'ordre et de conduite qu'ilz se sont oubliez de rendre à la Maison de ville pendant cette emeute du peuple, la faute duquel est aujourd'huy toute attribuée aux jurats (1), pour ne s'estre sçeu prevaloir à temps de l'authorité de leurs charges, pour arrester la mutinerie de cette populace, puisqu'ils sçavoyent plus de trois jours avant qu'elle parust, qu'on se preparoit à cela, et neantmoins dans la Maison de ville l'on n'y trouva pas de poudre pour charger un mousquet,

(1) Le dernier et le plus remarquable de tous les historiens de Bordeaux, M. Camille Jullian, a jugé les jurats de 1635 non moins sévèrement que le prieur Guillemin : « Les jurats, incapables à leur ordinaire, perdirent la tête et le cœur. » (*Histoire de Bordeaux*, 1895, p. 174.) Voir dans les pages suivantes de ce beau livre (475-476) le récit de la répression de l'insurrection par l'octogénaire duc d'Épernon, qui « se comporta comme un jeune capitaine » et dont le spirituel historien dit encore : « C'est bien une des plus vigoureuses figures, une des plus insolentes santés qu'ait produites notre vieille France. »

dont le peuple s'estant apperceu s'en est monstré plus insolent en ses deportemens, et à l'attaque de cette pauvre Maison de ville par le bruslement de deux de ses portes et le meurtre de deux de ceux qui s'estoyent refugiez dedans; ce qui a rendu d'autant plus agreable la venüe de M$^r$ d'Espernon de deça, à tous les gens de bien, qu'on voyoit le besoin que nous en avions pour retenir ce peuple au devoir qui desja eschappoit de telle sorte, qu'on en auroit veu une trouppe aller insolament trouver le second president, M$^r$ d'Affiz, le premier s'estant renfermé dans le chasteau du Has *(sic)*, pour eviter les mauvaises propheties, auquel second president ces seditieux dirent qu'ils estoyent là, de la part de plus de quinze cens de leurs compagnons, pour luy donner advis que si la Cour ne leur bailloit partout le lendemain un arrest d'abolition de ce qui s'estoit passé le jour advant, et que cest arrest ne portast encore inhibitions de mettre à execution l'arrest de verification de la Cour des Aydes donné en faveur de l'Esdict des cabaretiers, ils estoyent resolus de mettre le feu aux maisons de ceux qu'ils sçauroyent s'opposer au repos du public, afin que s'ils avoyent à perir, Bordeaux perist avec eux, de laquelle menace il se fist un si grand vacarme par toute la ville, qu'on ne sçavoit à quoy se resoudre, tout un chascun estoit dans une confuse contrainte, dont le parlement mesme ne se peut desliverer *(sic)*, qu'en faisant publier avec toute la moderation qu'il luy fust possible, un arrest qui destruisoit celuy de verification de la Cour des Aydes, et quant à l'abolition, demandée par ce peuple, il fust admonesté d'attendre la venüe de M$^r$ d'Espernon, avec asseurance qu'ils auroyent toute satisfaction, et pour commencer la Cour fust necessitee de faire publier aux rües son arrest par le premier huissier accompagné du chevalier du guet, de ses hoquetons et deux des juratz, ayant ceux cy leur robe de damas rouge et blanc, et l'huissier la sienne d'escarlatte, marchant devant luy deux trompettes d'argent de la ville, à cheval, comme le chevalier du guet, les deux jurats, et le dit huissier aussy, et par cette apparance exterieure l'on retint en quelque façon le desordre de ce peuple, qui continüe en plus de retenüe depuis le retour de Mʳ d'Espernon, lequel neantmoins n'est pas bien d'accord avec le parlement, sur le tissu du proces verbal que l'un et l'autre veullent envoyer au Roy, la Cour rejectant dans le sien toute la faute de ces desordres sur la bourgeoisie et les capitaines des quartiers, qu'elle dit avoir fait la sourde oreille, lorsqu'on les a appellés au secours des jurats et necessitez de la ville, là où Mʳ d'Espernon advance dans le sien que du manquement et defaut des juratz est survenue toute cette emeute, puisque luy d'Espernon ayant mandé quelques jours avant ces desordres les jurats pour les informer de l'advis qu'il avoit, des dispositions et volontez du peuple de s'opposer à l'execution de l'Edict des Taverniers, ils devoyent avoir mieux observé ses ordres et admonitions en cela, qu'ils ne tesmoignoyent d'avoir faict puisque d'un si bon advis que tout à temps il leur avoit donné l'on en voyoit sortir tant de maux, qu'ilz pouvoyent avoir evité, s'ils eussent sceu se servir à poinct nommé de l'authorité de leurs charges et des conseils qu'il leur avoit baillés, sur quoy le parlement ne s'accordant pas, Mʳ d'Espernon et la bourgeoisie feront leur procez verbal à part, et la Cour le sien separement qu'ils envoiront au Roy, les jurats ayant desja mandé [déchirure du papier] Sa Majesté pour l'informer de bouche de toutes ces actions, et mouvemens de peuples, qui partout icy autour *(sic)* à l'exemple de ceux de Bordeaux, ne parlent que de soulevemens et de seditions, sur quoy l'on attend les ordres du Roy, et voir quelle fin auront toutes ces contraires plaintes, de quoy je tascheray de vous faire part d'aussy bon cœur que je vous supplie prendre la peine faire participant de celle cy mon cher Mœcene, et me continuer tousjours, s'il vous plaist, l'honneur de vostre bienveillance puisque je suis veritablement,

    Monsieur, vostre tres humble et obeissant serviteur,
                      De. Guillemin.

A Bordeaux ce 28 may 1635 (1).

(1) *Ibid.*, fᵒˢ 141-144. Plusieurs relations contemporaines ont été données

# APPENDICE

## I

*A Monsieur Monsieur Guillemin, prieur de Roumoulles,
à Roumoulles.*

Monsieur, les tesmoignages que vous m'avez souvente fois donné de vostre bienveillance me font croire que vous n'aurez pas desaggreable la mesme bonne volonté que j'ay à vostre endroict et envers tous vos amis. Et vous diray que je suis extremement marrie de la disgrace qui est arrivée à M$^r$ Cotellon, vostre meilleur et intime amy, lequel comme vous aurez sceu n'est plus principal à S$^t$ Maximin (1) et a esté substitué à sa place M$^r$ Roseau, de quoy j'ay esté extremement attristée pour l'amour de vous et de luy, mais nous avons esperance qu'il nous viendra voir et pourra nous donner quelque consolation en la maladie de Monsieur de Callas, mon pere grand, laquelle je prie à Dieu faire bientost melioer comme je l'en prie de tout mon cœur finissant par mes tres humbles baisemains je demeureray,

Monsieur,
vostre tres humble servante,
Claire DE VALLAVEZ.

D'Aix ce 19 juillet 1624.

Je vous prie, Monsieur, de vous souvenir de m'envoyer à vostre premiere commodité la croix et bague d'or que je

---

de l'émeute de 1635. (J'en ai, pour ma part, publié une dans les *Archives historiques du département de la Gironde*, prise d'un manuscrit de l'Arsenal.) Je crois que la relation du prieur Guillemin est une des plus exactes et des meilleures de toutes.

(1) Une très curieuse lettre de ce Cotelon écrite d'Aix à Peiresc, au sujet de la *disgrâce* mentionnée en ce passage, se trouve dans le recueil d'où proviennent les lettres de Guillemin que l'on vient de lire. *Additions aux manuscrits de Peiresc*, n° VII, tome I, f° 495.)

vous avois prié de faire dorer et vous m'obligeréz tousjours sans que je m'en puisse revancher comme je voudrois bien (1).

## II

*A Monsieur Monsieur le prieur de Remoules, Bourdeaux.*

Monsieur,

Cele cy vous sera rendue, par mon cousin et singulier amy Mr le conseiller Fayard quy je m'assure comme je le vous ay dit au mommant que j'ay eu l'honneur de vous veoir icy vous trouverés très dispozé de rendre ses bons offices à Mrs de Peyres (*sic*) frères, ce qu'il sayt faire puissamment et avecq accortize, en sorte que je vous reprye par la presante de prendre en luy la mesme confiance pour les interestz desdictz sieurs que vous prendriés en moy, et en suitte je vous conjure aussi de trayter avecq luy comme vous feriés avecq moy de l'affayre ducquel vous avés esté pryé par mondit sieur de Peres (*sic*), de traister avecq moi sur les reyterées suplications que j'en ay fait par mes lettres à mondit sieur pour un proche de mondit sieur et cousin de Fayard lequel vous tiendra adverty du succes qu'a prins l'assamblee en laquelle vous me trouvastes dans le palays et à laquelle je fus semons par divers messages de rentrer pendant que nous beuvions à la santé de mondit sieur de Peres auquel ny à Mr de Valaves je ne puis prendre loïzir d'escripre par ceste voye. Mais j'en prendray l'occazion au premier jour. Cependant vous agreerés que la cy enclose pour le sieur procureur Pothonier soit seurement acheminée soubs le couvert de la premiere despeche que vous ferés audict sieur et recommandée à quelqu'un de leurs domestiques pour la rendre

(1) Autographe transcrit à l'Inguimbertine sans que je puisse, tant pour ce document que pour les deux suivants, donner l'indication précise des sources. J'ai grand peur que la nièce de Peiresc n'ait écrit toute la lettre qu'à cause du *post-scriptum*. N'a-t-on pas dit que, chez la femme, tout *post-scriptum* cache un calcul, une tactique ?

promptement. Cependant j'oze vous requerir de nouveau d'accepter l'offre que je vous ay fait de ma chambre, mon lict et sa suitte (1), mondit sieur de Fayard vous en ressemondra et y establira s'il vous plaît. Je recepvray à singuliere faveur qu'il vous plaize vous en servir. La presente ne tendant à autre fin, je demeure, Monsieur, vostre, etc.

ANDRAULT.

D'Agen ce 25ᵉ febvrier 1628 (2).

## III

*A Monsieur le prieur de Romoules.*

Pour vous faire sçavoir de mes nouvelles lesquelles sont fort bonnes, Dieu mercy, comme je suis bien gaillard. Dieu [veuille qu'il en] soit insin de vous et de François, mon grand amy ! Je n'ay voulu manquer de vous advertir de ce petit mot de letre : c'est que Monsieur le prieur me trete fort mal (3), car du depuis que j'ay labit *(sic)* j'ay prou enduré de luy et endure encore (4), car pour moy tout ausitot que je fus arrivé à l'abbaie de Guistres beaucoup de gens me dirent lumur *(sic)* de cest homme là, de quoy j'en fus grandement estonné, car à le voir vous diriez qu'il n'eut pas faict mal à une mouche et le pere Schabert [pour Chabert] vous en temognera le mesme et vous prie de le luy faire sçavoir. Anatendent *(sic)* de vos nouvelles je demure,

Monsieur,

vostre très humble et tres affectionné serviteur,

GARNIER.

De Guistres ce 18 mars 1628 (5).

Ph. TAMIZEY DE LARROQUE.

(1) Quelle *suite*? Ce mot mystérieux fait rêver.
(2) Autographe en l'Inguimbertine.
(3) Le prieur Du Val qui ne traitait sans doute mal le nouveau moine que pour son plus grand bien.
(4) Ces plaintes — on disait jadis : méfions-nous de celui qui se plaint de son supérieur ! — ne semblent-elles pas indiquer que le caractère du moine Garnier ne valait pas mieux que son orthographe ?
(5) Autographe dans l'Inguimbertine.

www.ingramcontent.com/pod-product-compliance
Lightning Source LLC
Chambersburg PA
CBHW060555050426
42451CB00011B/1924